Weihrauch – Mischung aus Harzen verschiedener Boswellia-Arten

Gold (lat. Aurum)
chemisches Element, Edelmetall,
zur Münzprägung verwendet

Die

MARTIN LUTHER

Heiligen

JOHANN WOLFGANG VON GOETHE

Drei

HEINRICH HEINE

Könige

BERTOLT BRECHT

1. Auflage 2008
Text:
Martin Luther,
Johann Wolfgang von Goethe,
Heinrich Heine,
Bertolt Brecht, Werke,
Große kommentierte
Berliner und Frankfurter Ausgabe,
Band 13; Gedichte 3,

Illustrationen: Frank Ruprecht
Typografie: Jochen Busch
Druck und Binden:
sachsendruck GmbH, Plauen
Printed in Germany

ISBN 978-89603-306-2

www.leiv-verlag.de

Martin Luther

(1483 – 1546)

Die Weisen aus dem Morgenland

Das Neue Testament

Matthäusevangelium, Kapitel 2

Johann Wolfgang von Goethe

(1749 – 1832)

Epiphaniasfest

Heinrich Heine

(1797 – 1856)

Die heil'gen drei Könige aus Morgenland

Bertolt Brecht

(1898 – 1956)

Die gute Nacht

Illustrationen von Frank Ruprecht

Martin Luther. Die Weisen aus dem Morgenland

1 Da Jesus geboren war zu Bethlehem im jüdischen Lande, zur Zeit des Königs Herodes, siehe, da kamen die Weisen vom Morgenland gen Jerusalem und sprachen:
2 Wo ist der neugeborene König der Juden? Wir haben seinen Stern gesehen im Morgenland und sind gekommen, ihn anzubeten.

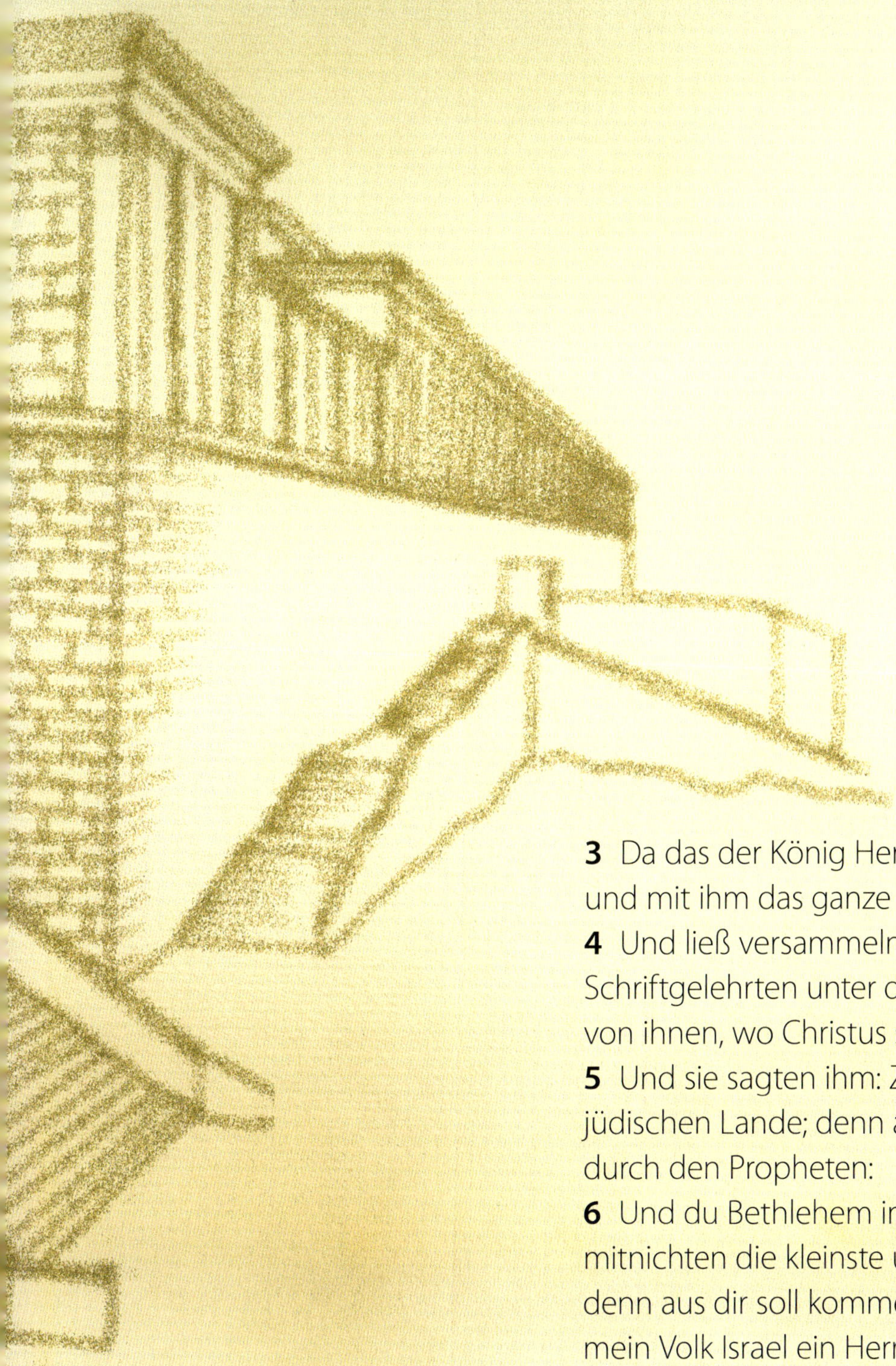

3 Da das der König Herodes hörte, erschrak er
und mit ihm das ganze Jerusalem.
4 Und ließ versammeln alle Hohenpriester und
Schriftgelehrten unter dem Volk und erforschte
von ihnen, wo Christus sollte geboren werden.
5 Und sie sagten ihm: Zu Bethlehem im
jüdischen Lande; denn also steht geschrieben
durch den Propheten:
6 Und du Bethlehem im jüdischen Lande bist
mitnichten die kleinste unter den Fürsten Juda's;
denn aus dir soll kommen der Herzog, der über
mein Volk Israel ein Herr sei.

7 Da berief Herodes die Weisen heimlich und erlernte
mit Fleiß von ihnen, wann der Stern erschienen wäre,
8 und wies sie gen Bethlehem und sprach: Ziehet hin und
forschet fleißig nach dem Kindlein; und wenn ihr's findet,
so sagt mir's wieder, daß ich auch komme und es anbete.

9 Als sie nun den König gehört hatten, zogen sie hin. Und siehe,
der Stern, den sie im Morgenland gesehen hatten, ging vor ihnen hin,
bis daß er kam und stand oben über, da das Kindlein war.
10 Da sie den Stern sahen, wurden sie hocherfreut
11 und gingen in das Haus und fanden das Kindlein mit Maria, seiner
Mutter und fielen nieder und beteten es an und taten ihre Schätze auf
und schenken ihm Gold, Weihrauch und Myrrhe.
12 Und Gott befahl ihnen im Traum, daß sie nicht sollten wieder zu Herodes
lenken; und sie zogen durch einen anderen Weg wieder in ihr Land …

Johann Wolfgang von Goethe. **Epiphaniasfest**

Die heil'gen drei König' mit ihrem Stern,
Sie essen, sie trinken, und bezahlen nicht gern;
Sie essen gern, sie trinken gern,
Sie essen, trinken, und bezahlen nicht gern.

Die heil'gen drei König sind kommen allhier,
Es sind ihrer drei und sind nicht ihrer vier;
Und wenn zu dreien der vierte wär',
So wär ein heil'ger drei König mehr.

1

Ich erster bin der weiß' und auch der schön',
Bei Tage solltet ihr erst mich sehn!
Doch ach mit allen Spezerein
Wird' ich sein Tag kein Mädchen mir erfrein.

Ich aber bin der braun' und bin der lang',
Bekannt bei Weibern wohl und bei Gesang.
Ich bringe Gold statt Spezerein,
Da werd ich überall willkommen sein.

Ich endlich bin der schwarz' und bin der klein'
Und mag auch wohl einmal recht lustig sein.
Ich esse gern, ich trinke gern,
Ich esse, trinke und bedanke mich gern.

Die heil'gen drei König' sind wohlgesinnt,
Sie suchen die Mutter und das Kind;
Der Joseph fromm sitzt auch dabei,
Der Ochs und Esel liegen auf der Streu.

Wir bringen Myrrhen, wir bringen Gold,
Dem Weihrauch sind die Damen hold;
Und haben wir Wein von gutem Gewächs,
So trinken wir drei so gut als ihrer sechs.

Da wir nun hier schöne Herrn und Fraun,
Aber keine Ochs und Esel schaun,
So sind wir nicht am rechten Ort
Und ziehen unseres Weges weiter fort.

Heinrich Heine. Die heil'gen drei Könige aus Morgenland

Die heil'gen drei Könige aus Morgenland,
Sie frugen in jedem Städtchen:
Wo geht der Weg nach Bethlehem,
Ihr lieben Buben und Mädchen?

Die Jungen und Alten, sie wußten es nicht,
Die Könige zogen weiter;
Sie folgten einem goldenen Stern,
Der leuchtete lieblich und heiter.

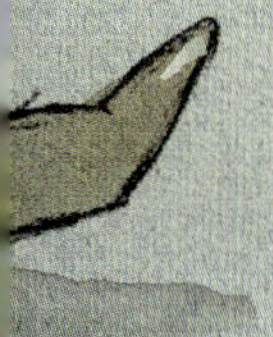

Der Stern blieb stehn über Josephs Haus,
Da sind sie hineingegangen;
Das Öchslein brüllte, das Kindlein schrie,
Die heil'gen drei Könige sangen.

Bertolt Brecht. Die gute Nacht

Der Tag, vor dem der große Christ
Zur Welt geboren worden ist
War hart und wüst und ohne Vernunft.
Seine Eltern hatten keine Unterkunft
Und auf den Straßen herrschte ein arger Verkehr
Und die Polizei war hinter ihnen her
Und sie fürchteten sich vor seiner Geburt
Die gegen Abend erwartet wurd.
Denn seine Geburt fiel in die kalte Zeit.

Aber sie verlief zur Zufriedenheit.
Der Stall, den sie doch noch gefunden hatten
War warm und mit Moos zwischen seinen Latten
Und mit Kreide war auf die Tür gemalt
Daß der Stall bewohnt war und bezahlt.
So wurde es doch noch eine gute Nacht
Auch das Heu war wärmer, als sie gedacht
Ochs und Esel waren dabei
Damit alles in Ordnung sei.

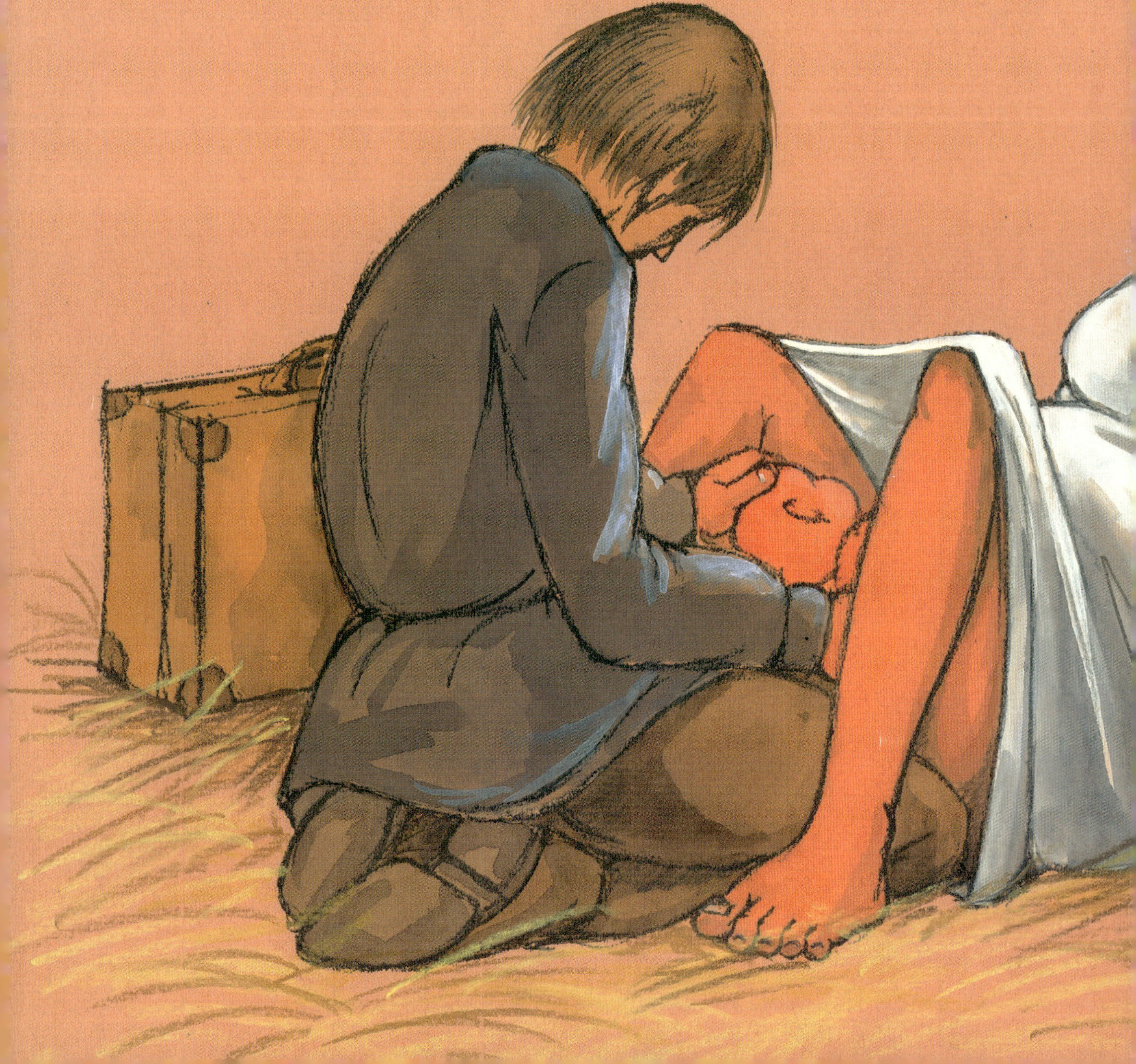

Eine Krippe gab einen kleinen Tisch
Und der Hausknecht brachte ihnen heimlich einen Fisch.
(Denn es mußte bei der Geburt des großen Christ
Alles heimlich gehen und mit List.)
Doch der Fisch war ausgezeichnet und reichte durchaus
Und Maria lachte ihren Mann wegen seiner Besorgnis aus.
Denn am Abend legte sich sogar der Wind
Und war nicht mehr so kalt, wie die Winde sonst sind.
Aber bei Nacht war es fast wie ein Föhn.

Und der Stall war warm. Und das Kind war sehr schön.
Und es fehlte schon fast gar nichts mehr –
Da kamen auch noch die Dreikönig daher!

Maria und Joseph waren zufrieden sehr.
Sie legten sich sehr zufrieden zum Ruhn.
Mehr konnte die Welt für den Christ nicht tun.

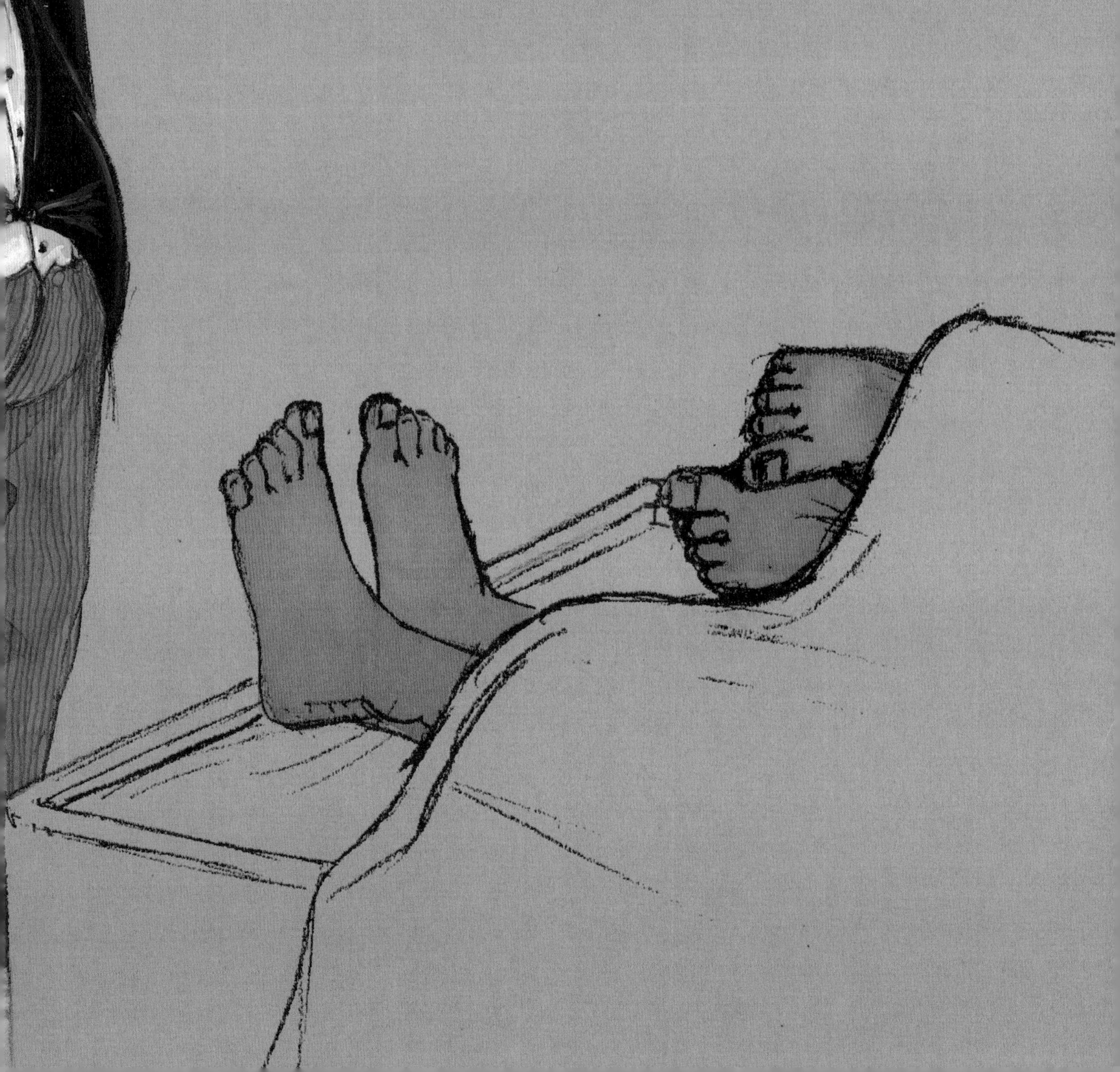

Mhyrre (von semit. murr – bitter)
Wohlriechendes Harz aus Ästen und Zweigen des Mhyrrenstrauches